Marina Garanin

Der Knopf

Marina Garanin
Der Knopf

Gedichte

Mit einem Nachwort von Reiner Wild

Kurpfälzischer Verlag

Bibliographische Information der Deutschen Bibliothek
Die Deutsche Bibliothek verzeichnet diese Publikation
in der Deutschen Nationalbibliographie; detaillierte
bibliographische Daten sind im Internet über
http://dnb.ddb.de abrufbar.

Marina Garanin: Der Knopf
© 2018 Marina Garanin
Umschlaggestaltung: Florian Schmidgall
Umschlagabbildung: © Marina Garanin
Dieser Band wurde von Christian Großmann
in der Junicode, der GFS Porson und der Linux Libertine gesetzt
Gesamtherstellung: TZ-Verlag & Print GmbH

Kurpfälzischer Verlag Heidelberg
ISBN 978-3-924566-28-9

Inhalt

I.	Mein Heidelberg	9
II.	Der Knopf und andere Alltagsgegenstände	29
III.	Soziale Verkehrsregeln	45
IV.	Wetterumschwung	57
V.	Verlockungen	73
VI.	Unkategorisiertes	91
	Nachwort	107
	Danksagung	110

Mein kleines Buch, geh in die Welt,
Und lass dich nicht verfluchen!
Und jeder, dem mein Buch gefällt,
Wird gleich nach etwas suchen:

»Wer hat dies Büchlein inspiriert?«
Wird sich manch einer fragen.
Die erste Seite – ausradiert –
Wird keine Widmung tragen.

I. Mein Heidelberg

DIE HEIDELBERGER OEG

Sie ist so lang, so elegant,
Fährt durch die Stadt und fährt durchs Land
Bei Blitz und Regen, Eis und Schnee:
Die Heidelberger OEG.

Von Mannheim bis ins Neckartal,
Von Weinheim bis ins Käfertal
Hat sie sich jahrelang bewährt
Als unentbehrliches Gefährt.

Sie ist die schönste Bahn der Stadt:
Orange und weiß und lang und glatt,
Passanten, schaut sie euch nur an,
Die Oberrhein'sche Eisenbahn!

Dein Anblick hat mich stets gebannt,
Du schönste Bahn im Kurpfalzland,
Du fuhrst bis in die tiefste Nacht
Und hast so glücklich mich gemacht!

Seh ich dich heut im Stadtverkehr,
Dann fehlst du, Liebste, mir so sehr!
Einst Wirklichkeit, jetzt eitler Wahn:
Die Oberrhein'sche Eisenbahn.

AN DEN SCHÖNSTEN
FAHRRADWEG DER STADT

Allerliebster Fahrradweg,
Wann wirst du mich wieder leiten
Durch die wunderbaren Weiten
An das Wehr zum hohen Steg?
Wo der Neckar, sanft und leise,
Lieblich plätschert seine Weise.

Schönster Weg der ganzen Stadt!
Darf ich wieder auf dir fahren,
Wo die wilden Gänsescharen
Pflücken Gräser Blatt für Blatt?
Und die Hälse, schön geschwungen,
Beugen sich zu ihren Jungen.

Liebe Straße, kleine Pfalz,
Wo die Glocken stündlich schlagen,
Bergenhoch die Türme ragen,
Ich vergesse dich niemals!
Doch ich musste euch verlassen,
Lieber Weg und liebe Gassen,
Ob des traurigen Verfalls.

NEUENHEIMER FELD

Ich ging heut Nacht zum Unisport
An jenen wohlbekannten Ort,
In die geheime Welt:
Das Neuenheimer Feld.

Wie es mir dort gefallen hat
In jener kleinen, verwinkelten Stadt,
Wo viele Frösche laichen
In kleinen, dunklen Teichen!

Willst du dort nachts spazierengehn,
Dann wirst die ganze Stadt du sehen
Und viele, viele Schnaken
Und Frösche, wie sie quaken.

Hast du danach noch etwas Zeit,
Bist von der Arbeit du befreit,
Dann sieh die Pflanzenarten
Im grünen botanischen Garten!

Hast du gehört der Frösche Gesang,
Dann lauf zurück, am Neckar entlang,
Vemisst du ihre Lieder,
Dann komm am Morgen wieder.

Ach, liebes Neuenheimer Feld,
Was hast du mit mir angestellt?
Was ist mit mir geschehen?
Ich will dich wiedersehen.

DER KELLER
DES THEORETIKUMS

Dunkles Licht und düstre Gänge,
Unermesslich in der Länge,
Türen hier und Türen dort:
Ein geheimnisvoller Ort.

Kritzeleien an den Wänden,
Flur mit hunderttausend Enden,
Räume, die gar keine sind:
Neuenheimer Labyrinth.

Ach, wie groß war meine Freude
Im gewaltigen Gebäude!
Ging die Zeit doch niemals rum
Dort, im Theoretikum!

Herrlich war's, dich zu erkunden
Zu den Sommerabendstunden,
Unikeller, du mein Glück –
Könnt ich einmal noch zurück!

Denk ich an den dunklen Keller,
Leuchtet meine Miene heller.
Nie vergess ich auf der Welt
Dich, mein Neuenheimer Feld!

IN ERINNERUNG AN DEN
WOLFSBRUNNEN ZU HEIDELBERG

Auf dem Berg am Waldesrande
Eine Lichtung einsam liegt,
Die in sonnigem Gewande
Sich um eine Bühne schmiegt.
Auf dem Gras zur Mittagsstunde
Spielen ausgelass'ne Hunde.

In der Mitte liegt, erfrischend,
Spiegelglatt ein kühler Teich.
Kleine Fische huschen zischend
Munter durch ihr ruh'ges Reich.
Und das satte Gras, das grüne,
Windet sich um diese Bühne.

Aus dem Teich ragt, aufgerichtet,
Kunstvoll eine Wolfsfigur,
Die das bunte Treiben sichtet
Von Theater und Natur.
Fern in sanfter Abendstille
Tönt das Zirpen einer Grille.

Schon bereitet sind die Stühle
Um den runden Teich herum.
In geordnetem Gewühle
Kommt das liebe Publikum.
Und in herrlichen Kostümen
Spielen abends wir im Grünen.

Als das letzte Wort gefallen,
Hört man tosenden Applaus
Donnernd durch die Lichtung hallen –
Das Theaterspiel ist aus!
Lasset uns mit Siegeskränzen
Wandeln durch den Mondenschein,
Aus Karaffen uns kredenzen
Auf der Bühne guten Wein!
Kommt zusammen, dort am Weiher,
Zur Theatersiegesfeier!

Rasend ist die Zeit verflossen,
Seit ich, Brunnen, dich verließ.
Habe dich ins Herz geschlossen,
Mein verlor'nes Paradies.
Denk ich heut an jenen Abend,
Den ich selig dort verbracht,
Mich an Wein und Liedern labend
In der wundervollen Nacht,
Seh ich noch des Brunnens Prangen,
Höre ich noch den Gesang;
Und das Fest, das dort begangen,
Fei're ich ein Leben lang.

HEIDELBERGER KUNSTVEREIN

Dreieckstunnelstatuetten,
Helle Räume, schick und fein,
Publikum aus fernen Städten:
Heidelberger Kunstverein.

Drumherum ein großer Garten,
Gut verborgen hinterm Tor.
Lasst uns, Freunde, draußen warten:
Das Spektakel steht bevor!

Dauern wird es nicht mehr lange:
Seht, die Tür ist aufgetan!
Folgen wir der Menschenschlange,
Gleich fängt das Theater an!

Seht die edlen Requisiten
Und das prächtige Gerät!
Keiner kann euch überbieten,
Friedrich und Elisabeth!

Hat er damals auch nicht wenig
Geld verprasst für Inventar,
Feiern wir den Winterkönig
Und das hehre Königspaar!

Das Spektakel ist zu Ende,
Da erbraust ein Feuerwerk.
Auf zur Brücke! Kommt behende!
Schaut das schöne Heidelberg!

Welch ein Abend, ihr Genossen,
Damals, beim Theaterstück!
Lieber Tag, der lang verflossen,
Denk ich noch an dich zurück!

Manchmal laufe ich vorüber,
Spähe durch das Tor hinein;
Dann begrüß ich dich, mein lieber
Heidelberger Kunstverein!

DIE BRÜCKE

Pons est in Nicri veteris sub margine vici,
quem subter fluctus strepitusque immanis
aquarum.

Wenn ich spät nach Hause kehrte
Und der Schlaf die Stadt bezwang,
Da empfing mich die verehrte,
Liebe Brücke jahrelang.

Nachts stand ich auf meinem Stege,
Schöpfte der Natur Genuss
Und das Wasser rauschte rege
In dem wohlvertrauten Fluss.

Manchmal sang ich eine Weise,
Stille wandelnd auf dem Wehr,
Blickte auf die alte Schleuse,
Fern von Menschen und Verkehr.

Ich gestand ihr manch Verlangen,
Ohne Scheu und unverhüllt.
Jedes Wort hat sie empfangen,
Manchen Herzenswunsch erfüllt.

Ach, wie rasch ist sie verflogen,
Diese wunderbare Zeit,
Denn nun bin ich weggezogen
Von der Brücke fern und weit.

Lange war ich nicht mehr drüben,
Zieht mein Herz mich auch dahin;
Doch sie scheint's nicht zu betrüben,
Dass ich nicht mehr bei ihr bin!

Unter Freunden bin ich heiter
Und die Sehnsucht ist gestillt
Und das Leben lebt sich weiter;
Aber nachts erscheint dein Bild.

Wie vermiss ich deine Stufen,
Deine Säulen, deine Zier!
O wie drängt es mich zu rufen:
»Ich verzehre mich nach dir!«

Doch kein Laut lässt meine Kehle
Und ich berge ritterlich
Alles Leid, das meine Seele
Muss erdulden ohne dich.

ULMEN

Heute bin ich voller Ingrimm
(À propos: Welch passend Wort!),
Heute find ich alles recht schlimm,
Und ich fluche immerfort.

Unermesslich meine Plage,
Ungeheuer ist mein Brast,
Aus dem Weg! Weil ich sonst schlage,
Weil mir alles so verhasst.

Alles? Nein, denn traf ich heute
Vor der Mensa, ach so fein,
Eine Gruppe netter Leute
Lesend im Beisammensein.

Es befand sich unter diesen
Ein gewisser Oliver.
Der war keiner von den Fiesen,
Denn er mochte Ulmen sehr.

Ich erzählte jener Bande
Vom allmächt'gen Dichterwahn,
Wozu ich durch ihn imstande,
Was er alles heilen kann.

Mein Gedicht schimpft übers Wetter:
Ach, wie tut mir's Schimpfen gut!
Schimpfen macht die Tage netter
Und es lindert meine Wut.

Doch es gab sich nicht zufrieden
Der gewitzte Oliver:
»Du musst andre Verse schmieden,
Über Ulmen muss was her!

Über Ulmen dichtet keiner,
Jeder lässt sie außer Acht,
Und das ist umso gemeiner,
Sieht man jener Bäume Pracht.«

»Oli!« sprach ich voll Bedauern,
Von der Willkür tief entsetzt,
»Schluss mit meinem sinnlos Trauern,
Über Ulmen schreib ich jetzt!«

Ulmen sind so schöne Bäume,
Laubbeblättert, zweigezeilt
Stoff für Dichtung, Stoff für Träume,
Freud'ger Anblick, der verweilt.

Ja, es gehen gar Gerüchte
Über Länder, übers Meer:
Vieler Ulmen süße Früchte
Seien tauglich zum Verzehr.

Ingrimm, Zorn und Brast und Plagen
Sind den Ulmen immerfern,
Darum hört man viele sagen:
»O, was hab ich Ulmen gern!«

Aber ach, mir geht's nicht besser,
Wenn ich über Ulmen schreib,
Steckt das fiese Ingrimmmesser
Metertief in meinem Leib.

Lasst mich also weiterleiden
An dem Messer, das da blinkt.
Will mich stets am Ingrimm weiden,
Weil er mich zum Dichten bringt!

WENN ICH EINMAL MEIN HEIDELBERG VERLASSE

Wenn ich einmal mein Heidelberg verlasse
Zum Auszug in ein neues, fernes Land,
Dann sei in jedem Vers, den ich verfasse,
Die Herrlichkeit der liebsten Stadt genannt.

Kein Tag in diesem Städtchen war vergebens:
Hier fand ich meinen Katzenpflasterstein,
Hier stieß ich auf die Liebe meines Lebens:
Das unaussprechlich göttliche Latein.

Ich holte die verstaubte Violine,
Die früher niemals Freude mir gebracht,
Ich spielte sie mit malerischer Miene:
Das hat mit mir mein Heidelberg gemacht.

Wie feierten wir oft im Mondenscheine
Beim Haus, das überm Neckar sich erhob.
Dort sangen wir »Alt Heidelberg, du Feine!«
Und zollten unsrer Stadt das höchste Lob.

Wir sangen diese altbekannte Weise
Nach jenem hoheitsvollen Feuerwerk,
Wir sangen sie im lieben Freundeskreise
Mit Blick aufs wunderschöne Heidelberg.

Ich seh mich noch auf jener Waldesbühne,
Beim Schauspiel, wo ich einst als Freiheitsheld
Durch Geisteskraft und unaussprechlich kühne
Beherztheit beinah rettete die Welt.

Ich seh noch den gewund'nen, dunklen Kerker,
In dem ich eines Nachts so glücklich war,
Doch leuchtet die Erinnerung noch stärker,
Denk ich ans allerliebste Seminar.

Wie gern in diesen Hallen ich studierte,
Weiß jeder, der mich auch nur etwas kennt,
Wie mich die alte Sprache faszinierte,
Von der ich mich bis heute nicht getrennt.

Am schönsten aber waren jene Stunden,
Die ich mit viel Musik und gutem Wein,
Genossen, die ich neulich erst gefunden,
Verbracht im hellen Frühlingsmondenschein.

Hier löste ich mich los von meinem Grimme,
Es half mir jene wunderlich Präsenz.
Hier fand ich meine einst verlor'ne Stimme
Im allerletzten Heidelberger Lenz.

Ich singe immerwährend meine Lieder,
Die irgendeine Muse mir gebracht,
Nun hab ich meine Stimme endlich wieder!
Das hat mit mir mein Heidelberg gemacht.

Zwar gab es neben grillenhaften Tagen
So manches unverhoffte Ungeschick.
Doch schätze ich trotz jämmerlicher Klagen
Im Nachhinein den schönen Augenblick.

Wenn ich einmal mein Heidelberg verlasse,
So werden doch am Ende meiner Fahrt
Die Dinge, die ich heut so herzlich hasse,
In seliger Erinnerung bewahrt.

O HEIDELBERG, ICH MUSS DICH LASSEN

O Heidelberg, ich muss dich lassen,
Und alles Wunder, das da webt!
Im Geiste irr ich durch die Gassen,
Wo ich so Herrliches erlebt.

Ich sehe Winterblumen prangen
In nebelhaftem Straßenlicht.
Die kahlen Zweige, frostbehangen,
Behindern neckisch meine Sicht.

Nie wehten Winterlüfte milder,
Nie war im Winter mir so warm,
Mir winkten gar die Straßenschilder
In ihrem märchenhaften Charme.

Von Freud' erfüllt war mein Gemüte,
Die Straßen alle menschenleer,
Als Frühling mir im Frost erblühte
Mit bunt'ren Farben als bisher.

Seh ich das nassgeschneite Fenster
Am Ziele meiner Winterbahn,
Ist mir, als sähe ich Gespenster
In einem fieberhaften Wahn.

II. Der Knopf und andere Alltagsgegenstände

DER KNOPF

en, en, post lectos haerens e muribus altis
bulla fuit. »quid id est?« digito monstrante
rogavi.

Ich weiß noch, wie ich ihn gewahrte;
Mir ist, als ob es gestern wär.
Still lag das Haus; es offenbarte
Sich tiefe Nacht vom Himmel her.

Geschlossen hingen die Gardinen
(Falls es sie gab) dort vom Balkon,
Die Straßen waren mondbeschienen
(Im Zimmer sah man nichts davon).

Ich war zu Gast in fremder Stätte,
Die Kirchturmuhr schlug Mitternacht,
Da sah ich, dass dort hinterm Bette
Ein Knopf, scheints sinnlos, angebracht.

Er prangte weiß an der Tapete,
Ich ahnte ihn im Dämmerlicht.
Ich kannte vielerlei Geräte;
Doch solch Gerät kannt ich noch nicht.

»Was ist das?« hörte ich mich fragen,
Von kaltem Staunen übermannt.
Die Antwort drauf: »Ich würde sagen,
Ein Knopf beim Bette an der Wand.«

Die Antwort tat mir nicht genüge,
So habe ich die ganze Nacht
(Von Fernem dröhnten schon die Züge)
Mit langem Grübeln zugebracht.

Ich wagte nicht, ihn zu berühren,
Den Knopf, und viele Stunden lang
Lag ich wie vor verschloss'nen Türen
Geplagt von starkem Wissensdrang.

Ich spähte heimlich durch die Decke;
Da strahlt Auroras roter Schopf
Mit sanftem Schimmer in die Ecke,
In der der rätselhafte Knopf.

Da lächelte ich still ins Kissen,
Das Aug' gerichtet auf das Ding
Verzückten Blicks, doch ohne Wissen,
Warum besagter Knopf da hing.

Ich werd es wohl auch nie erfahren,
Nie wird mein Wissensdurst entlohnt,
Weil jenes Haus, des Knopfes Laren,
Nunmehr ein anderer bewohnt.

Ein andrer wird das Rätsel lösen,
Wird mit Entzücken für und für
Den schönen Knopf, den ominösen,
Dort hinterm Bette an der Tür

Betrachten, wird mit frohem Herzen
Sinnieren über seinen Kern,
Noch oft und lang darüber scherzen;
Nur mir bleibt diese Freude fern.

Er war mir nur ein kurzer Segen,
Der flugs erschien und flugs verschwand.
Leb wohl und lass dich gütig hegen
Bei späten Kirchturmglockenschlägen,
Du Knopf beim Bette an der Wand!

DER KLEIDERBÜGEL

Du Kleiderbügel aus Metall,
Was hängst du da so leer?
Was klapperst du mit lautem Schall
Und schwingst dich hin und her?

Was klingelst du mich immer an
Mit nächtlichem Ding Dong?
Kaum tret ich an die Tür heran,
Da hör ich deinen Gong.

Wenn man die Klinke runterdrückt,
Da hört man dich sogleich,
Es tönt dein Klingeln wie verrückt
Durchs Kleiderbügelreich.

Die Klinke war dein Königsthron,
Die Tür war dein Palast,
Doch niemand hatte was davon:
An dir hing keine Last.

Zuweilen hast du mich gestört
Mit deinem Eisenklang,
So manchmal hat er mich empört,
Dein nächtlicher Gesang.

Ich sah dich lange schon nicht mehr,
Mein klingelnder Kumpan,
Und ich vermisse dich so sehr,
Mein Kleiderbügelmann!

Doch lang vorbei ist unsre Zeit,
Ich seh dich nimmermehr.
O Kleiderbügelherrlichkeit,
Du fehlst mir ja so sehr!

DAS RÖLLCHEN

O Röllchen! Wirst du aufgerollt,
Erscheint ein Bild, so schön, so hold,
Das Abbild einer Pflanze,
In seidengrünem Glanze.

Dich schließt ein glänzend braunes Band,
Du Röllchen aus dem Morgenland,
Gemacht aus feiner Seide –
Du meine Augenweide!

Aus weichem Stoff gewebt, so fein,
Sind Muster kleiner Blümelein
Auf dir, du wunderbares
Geschenk des letzten Jahres.

Man wickelt dich um einen Stab.
Wie froh ich bin, dass ich dich hab!
So muss ich nicht mehr schmachten
Und kann dich stets betrachten.

ZITRONENTEE

sunt donata mihi parvis composta cucullis
quondam barbaricis citrea sicca locis

Mir wurde einst aus fernen Zonen
Ein Beutel trockener Zitronen
Von einem Markte mitgebracht:
Zitronentee wird draus gemacht.

Zerbröselt muss man sie genießen,
Mit heißem Wasser übergießen,
Im Morgenlande Tradition –
Probiert hab ich noch nicht davon.

Der Beutel liegt noch im Regal,
Geöffnet ist er nicht einmal,
Und jedes Mal, wenn ich ihn seh,
Denk ich: Wie schmeckt wohl dieser Tee?

Ach, hätte ich mich doch bemüht,
Den Tee im Sommer aufgebrüht!
Dann hätt ich ihn mit dir verzehrt,
Der du mir diesen Tee beschert.

ZITRONENTEE TEIL 2
(DARAUS WIRD TEE GEMACHT)

Da liegt sie nun, aus fernen Zonen,
Die Tüte trockener Zitronen
Die ich seit jeher aufbewahr –
Geschenkt ward sie mir letztes Jahr.

Zu warten war ich arg beflissen,
Hab sie nicht einmal aufgerissen
Und mir nur immerzu gedacht:
»Daraus, daraus wird Tee gemacht!«

Schuld ist mein einstiges Versprechen,
Sie nicht alleine aufzubrechen;
Seit damals halt ich mich daran
Und brech die Tüte niemals an.

Was ich versprach, wird nie versiegen:
Der Beutel bleibt auf immer liegen.
Und so wird niemals aufgedeckt,
Wie dieser Tee tatsächlich schmeckt.

ZITRONENTEE TEIL 3
(DIE TÜTE DER ERINNERUNG)

Es ging einmal auf weite Reise
Ein Beutel voll mit feinster Speise,
Ein duftend trockenes Getränk;
Ich glaub, das war mal ein Geschenk.

Es kam einmal aus fernen Zonen
Die Tüte, um bei mir zu wohnen.
Seit Jahren haust sie schon im Schrank,
Man glaub es nicht: Sie ist ein Trank.

Gar freudig ward mir im Gemüte
Beim Anblick dieser tollen Tüte,
Wer brachte sie, wo kam sie her?
Zu lang ist's her – ich weiß nicht mehr.

Nur einmal hab ich sie verwendet,
Danach ist sie im Schrank geendet,
Verbannt, verlassen und versteckt –
Und niemand weiß mehr, wie sie schmeckt.

Was soll ich nach so vielen Jahren
Die alte Tüte aufbewahren?
Seit jeher liegt sie dort im Eck –
Ich glaub, ich werf sie einfach weg.

Doch ach! Ich kann's mir nicht verzeihen,
Mich von der Tüte zu befreien.
Noch hält sie mich in ihrem Bann;
Nein, jetzt noch nicht – doch irgendwann.

DER CAMPINGTISCH VON AMAZON

Quadratisch, schlicht und federleicht,
In Auf- und Abbau unerreicht,
Seit Jahren nutze ich ihn schon:
Den Campingtisch von Amazon.

Mit einer Hand ist er geschnappt,
In Windeseile aufgeklappt,
Und ebenso klapp ich im Nu
Das kleine Tischlein wieder zu.

Zwar ist er etwas wackelig,
Doch macht das nichts, so meine ich,
Denn tut der Tisch für seinen Preis
Stets seinen Dienst – und auf Geheiß.

Im Garten lernen leicht gemacht!
Der Griff, der an ihm angebracht,
Erlaubt mir seinen Schnelltransport
Zu jeder Zeit an jeden Ort.

»Wie gut er in dein Zimmer passt!«
Das höre ich von jedem Gast,
Der, zum Besuche angereist,
An meinem kleinen Tisch gespeist.

Doch stellst du etwa deinen Tee
Ab auf dem Tisch, und stößt – o weh!
– Ein wenig nur das Tischlein an –
Entsteht ein kleiner Ozean.

O Käufer! Bist du wählerisch,
Dann kauf dir einen andren Tisch!
Doch jeder Tisch, der besser hält,
Wiegt mehr und kostet reichlich Geld.

Nie hab ich seinen Kauf bereut,
Mich stets am kleinen Tisch gefreut,
Und so vergeb ich gerne
Für diesen Tisch fünf Sterne.

DAS SCHRECKNIS VON GESTERN NACHT

Die Nacht lag still und verlassen
In engen, dunklen Gassen.
Als ich hindurchspazierte,
Mich etwas anvisierte.

Ein Schreck! Ich taumelte, knickte
Fast um, als ich erblickte
Ein großes schwarzes Sowieso,
Erschienen aus dem Nirgendwo.

Das Ding war schier unsäglich,
Es stand so unbeweglich
An eine Hauswand angelehnt,
Als stünd es dort schon ein Jahrzehnt.

Da meine Furcht sich mehrte,
Sprach kühn mein Weggefährte:
»Sieh an, wie riesenhaft sein Maul,
Gleich einem fetten, satten Gaul!«

Ich hatte Angst, dass er mich frisst,
So nah war schon sein Widerrist,
Da fiel mir auf – war's Schabernack? –
In seinem Maul der gelbe Sack.

Er selbst war dicklich und schwärzlich,
Sein Anblick grausig und schmerzlich,
Doch schien der Arme mir zu voll,
Wie er da träge überquoll.

Verkehrt war mein Ermessen:
Er wollte uns nicht fressen!
Auf einmal fühl ich – irgendwie –
Diese gewisse Sympathie.

Die Angst, die sich entzündet,
War völlig unbegründet.
Das Ding stand da, ganz säuberlich,
Und kümmerte sich nicht um mich.

Es war nur eine Tonne,
Geschwärzt von Mittagssonne,
Gefüllt mit einem Sack voll Dreck,
Erfüllend fleißig seinen Zweck.

Habt keine Angst, Passanten,
Begrüßt den Unbekannten!
Weil er der einzig Dumme ist,
Der euren Müll tatsächlich frisst.

III. Soziale Verkehrsregeln

AMPELMUSTERKIND

Sich im Verkehr zurechtzufinden
Braucht Eignung, Übung und Geschick:
Das punktgenaue Rechtsempfinden
Für jenen rechten Augenblick.

Es stresst die Hektik auf den Straßen,
Doch Ampeln sind der schwerste Part:
Sie fordern dich in Übermaßen,
Dich hindernd an der freien Fahrt.

Ein grünes Licht siehst du entbrennen:
Dein Spürsinn, glaubst du, kommt ins Lot.
Kaum fängst du freudig an zu rennen,
Da schaltet plötzlich sie auf Rot.

Du bist enttäuscht und voll des Schames
Ob deines Handelns, so naiv.
Steh wieder auf! Genug des Grames,
Grün-rot ist nun mal relativ.

So spare dir die eitle Frage,
Wann man am besten rüberfährt.
Grün ist nur eine Seelenlage,
Es ist kein absoluter Wert.

Wann wirst du's endlich akzeptieren?
Du bist kein Ampelmusterkind.
Die Lichter wirst du nie kapieren,
Denn bist, o Mensch, du farbenblind.

KAIROS

ὁ δὲ καιρὸς ὁμοίως
παντὸς ἔχει κορυφάν
(Pindar, *9. Pythische Ode*, V. 78f.)

Es mahnten schon die Sieben Weisen:
»Erkenne die Gelegenheit!«
Sie warnten dich vor dem Entgleisen
In schändliche Vermessenheit.

Der Augenblick hat einen Namen:
In Hellas nennt man ihn »Kairos«.
Er rettet uns vor dem Infamen
Und seine Macht ist übergroß.

Doch ihn zu treffen, muss man lernen,
Ein Meister ist darin Apoll:
Mit seinen Pfeilen trifft von Fernem
Er den Kairos so ehrenvoll.

Doch bist du, Mensch, kein guter Schütze,
Kannst niemals treffen wie der Gott,
Du brauchst wohl eine andre Stütze,
Die dich bewahrt vor Hohn und Spott.

Ein nie versiegendes Gewoge
Ist der Geschöpfe sünd'ger Sinn.
Der Irrtum ist dein Pägagoge
Und jeder Fehler ein Gewinn.

DER ZUGMÜLLEIMER

Der Zug ist voll, Freitagsverkehr.
Mir gegenüber sitzt ein Herr;
Er hält den Arm weit ausgestreckt,
Die Hand den Mülleimer bedeckt.

Ich habe Müll in meiner Hand.
Den hätt ich gerne schnell verbannt,
Doch spreche ich den Herrn nicht an,
Ob er die Hand entfernen kann.

Ich sitze da und warte lang,
Geplagt von starkem Wegwerfdrang,
Die Ungeduld unendlich wächst –
So lerne ich Theatertext.

Als ich den letzten Akt gelernt,
Da hat er schon die Hand entfernt!
Jetzt schnell! Ich werfe meinen Dreck
Mit Blitzeseile endlich weg!

Als wär mein Glück nicht groß genug:
Der Herr steht auf, verlässt den Zug!
Ich springe auf – und ratzefatz
Sitz ich auf seinem Fensterplatz!

SMILEYS

Vor langer Zeit traf man gewöhnlich
Sich zum Gespräche höchstpersönlich.
Man sah des anderen Gesicht:
Das Internet gab es noch nicht.

Bis heute wurde viel erfunden,
So wird nach wenigen Sekunden
Ein Wort, ein Satz dir zugestellt
Vom andren Ende dieser Welt.

Daraus ergibt sich ein Problem,
Gar schwierig und nicht angenehm:
Es fehlt des anderen Gesicht.
Wie ist sein Blick? Das weiß man nicht.

So hängt man bald an jedem Punkt,
An jedem Komma, das gefunkt,
Und überlegt sich, leidgeplagt,
In welchem Tonfall was gesagt.

Da dies nur Missverständnis schürt,
Hat man die Smileys eingeführt:
Gesichter, die vergnüglich lachen
Und das Verständnis leichter machen.

Die Smileys, gelb und kugelrund,
Tun jedes Schreibers Miene kund.
Geschickt gestellt an ihren Platz,
Verändern rasch sie jeden Satz.

Ein Trugbild bald, bald bloßer Schatten
Der Laune, die wir eben hatten,
Bald echt, bald jedes Sinnes bar,
So künstlich und dabei so wahr!

Von Smileys gibt es viele Rassen,
Doch manche rate ich zu lassen:
Denn wird ein Smiley je gewollt,
Der zynisch mit den Augen rollt?

Was hab ich Arme schon inmitten
Von Unterhaltungen gelitten!
Und nur weil jemand unbedacht
Den Augenroller mir gemacht.

Noch schlimmer: Wird ein Satz geschrieben,
In dem die Smileys ausgeblieben,
Da bin ich hin, da schreck ich ganz
Vor der vermeintlichen Distanz.

So bitte, lasset Rücksicht walten!
Lasst diese rundlichen Gestalten
Das sein, wozu sie einst gemacht:
Ein Angesicht, das freundlich lacht.

LERNEN

In meinen langen Studienjahren
Hab ich gar vielerlei erfahren.
Von Wissbegierde motiviert,
Hab ich mal dies, mal das studiert.

Zwar hab ich, von Latein besessen,
Vor Büchern stundenlang gesessen,
Doch manchmal habe ich entfernt
So manches andere gelernt.

Oft hört man die Studenten sagen:
»Das Treffen müssen wir vertagen,
Weil ich zu meinem Überdruss
Heut Abend leider lernen muss.«

Doch dieses Ding, das der Student
So unverblümt »das Lernen« nennt,
Ist nicht, was er mit Büchern treibt,
Sondern nur das, was übrigbleibt.

Ein Fehler kann dich vieles lehren,
Wer ihn nicht macht, der muss entbehren.
Begegne ihm mit frohem Mut:
Auch Fehler sind zu etwas gut!

Verfehlung kommt mit jedem Streben:
Das Studienfach mit Namen »Leben«
Lehrt – wie ein mancher gern vergisst –
Was für das Leben wichtig ist.

So lasst den Ärger, lasst das Fluchen!
Bevor man lernt, muss man versuchen!
Und jeder Fehler und Exzess
Befördert unsren Lernprozess.

SCHRIFTLICHE ENTHALTSAMKEIT

(письменное воздержание)

Zügle dich, geschwätz'ge Feder,
Hemm die sehnsuchtsvolle Hand!
Schön sind Briefe; doch nicht jeder
Wird davon gern überrannt.

Jeder Brief, den du geschrieben,
Fordert still die Antwort ein.
Schreiben gern auch deine Lieben,
Lass sie einmal müßig sein!

Keinen sollst du unterjochen
Durch die bare Antwortpflicht.
Harre noch zwei kurze Wochen,
Sei geduldig, schreibe nicht!

Sei in andren Dingen fleißig,
Doch beim Schreiben – ganz passiv.
Und wer weiß? Vielleicht erreicht dich
Bald ein unerzwung'ner Brief.

DAS LOB DER LÜGE

»*Nur der Irrtum ist das Leben*
Und das Wissen ist der Tod.«
(Schiller, *Kassandra*)

Grenzenloser Optimismus
Ist des Friedens größter Feind,
Primitiver Heroismus,
Der entfremdet, nicht vereint.
Hat er mich doch jüngst erhoben
Hin zum spröden Firmament,
Übermütig aufgestoben
Durch das Feuer, das noch brennt.

Wahrheit ward mir schlimmste Sünde,
Fiel hinab wie Ikarus,
In des Meeres tiefste Gründe
Tauchte mich mein Redefluss.
Jedes Wort war missverstanden,
Jeder Pfeil flog übers Ziel.
Liebster Traum, du kamst abhanden,
Denn ich sagte viel zu viel.

Hätte ich doch nur geschwiegen!
Nun besteig ich mein Schafott.
Reden führt zu kalten Kriegen,
Schweigen, Schweigen ist ein Gott!
Nur die Lüge stiftet Frieden,
Und die Ehrlichkeit entzweit.
Schweres hast du mir beschieden,
Eitler Traum von Einigkeit.

DAS SCHMÄHSONETT

Du meines Geistes Brut, verfluchte Monumente,
Du garstiges Geschmier, du Teufelspoesie,
Du widerliches Stück verruchter Infamie,
Zerstückelt durch den Zorn in tausend Elemente.

Nicht schert euch Mitgefühl, nicht Schmerz und Leid
                                                    der Erde,
Betrunken von Begier, in stolzer Arroganz,
Erschüttert ihr die Seel', doch fordert ihr den Kranz,
Auf dass euch Lob und Preis für Trug und Torheit werde.

So geht mir aus der Sicht, gescheiterte Gebilde!
Jetzt gilt nicht sanfter Trost, nicht schonungsvolle Milde,
Jetzt steht ihr, angeklagt, vorm obersten Gericht.

Entschuldbar ist nicht mehr, was ich mit euch geschaffen.
Nun wird kapituliert. Nun strecke ich die Waffen
Und schreibe nimmermehr ein einziges Gedicht.

IV. Wetterumschwung

WETTERUMSCHWUNG – EIN SCHMÄHGEDICHT

Ich werd nicht mehr! Was soll das nur bedeuten?
Vom Wetter werd ich hinterrücks verlacht!
Der Himmel, der mich gestern noch erfreute,
Befällt mich heut mit bitterböser Macht.

Seht ihr ihn auch, den feigen Sommerregen,
Der unentschlossen prasselnd kommt und geht?
Für manche ist er wunderbarer Segen,
Für mich ist er verlor'ne Pietät!

O Anstand, Sitten, Würde und Benehmen!
Ist Feigheit anstatt dessen jetzt modern?
Du solltest dich, verfluchtes Wetter, schämen,
Dass dir gewohnte Höflichkeit so fern.

Vor kurzem war es doch so herrlich trocken,
Die Sonne strahlte golden wie noch nie!
Kaum sah ich im Gemüte mich frohlocken,
Da war sie wieder weg, die Harmonie.

Das Wetter kann sich einfach nicht entscheiden,
Es wechselt ohne Sinn und Kommentar,
Warum muss immer ich darunter leiden,
Die ich doch niemals schuld am Wetter war?

Als Dank für deinen Takt, verdammter Regen,
Empfange dein verdientes Schmähgedicht!
Bring andren deinen ach so tollen Segen,
Denn mich, mein Freund, bezirzt dein Segen nicht.

AURORA

Et iam prima novo spargebat lumine terras
Tithoni croceum linquens Aurora cubile
(Vergil, *Aeneis*, 4,584f.)

Aurora, Tithons junge Braut,
Verließ die heimisch Laren,
Doch hat die Schöne nicht getraut
Sich ganz zu offenbaren.

Die munterfroh am Himmel strahlt
Als rosaroter Schecke,
Barg ihre wunderlich Gestalt
In weißer Wolkendecke.

Wo warst du, liebstes Morgenrot,
Als ich das Haus verlassen?
Als ich als zweifelnder Zelot
Dich suchte in den Gassen?

Was hat, Aurora, dich erschreckt,
Dass du dich so verborgen?
Hast uns doch stets so sanft geweckt,
Du schönste Zier am Morgen!

Am Himmel such ich unentwegt
Die rosarote Brille,
Doch alles Rot ist weggefegt
Durch dichte Wolkenhülle.

Du warst mir eben noch so treu,
Hast gütig mich empfangen;
Woher, Aurora, diese Scheu
Vorm rosaroten Prangen?

Des Morgengrauens trübe Macht
Hat dir die Tür verschlossen.
Wie gern hätt ich nach jener Nacht,
Aurora, dich genossen!

ABSCHIEDSABENDROT

Wolkenverhangen ist der Himmel,
Der Juni heißt jetzt wohl April.
Von draußen tönt ein Sturmgebimmel,
Der Anlass ist ein Fußballspiel.

Inmitten dieser Freudesmassen
Flanierte träumend ich umher,
Von aller Heiterkeit verlassen,
War's mir im Herzen ach so schwer.

Doch als ich aus dem Fenster schaute,
Zurückgekehrt ins Seminar,
Ich kaum noch meinen Augen traute:
Der Himmel war so herrlich klar.

Er schimmerte mit roten Tönen
Als nickte er mir freundlich zu,
Als wollt er sich mit mir versöhnen,
Gewähren langersehnte Ruh.

Da dachte ich an jenen Morgen,
Da ich befangen heimgekehrt,
Als sich Aurora mir verborgen,
Mir jede Seligkeit verwehrt.

Längst ist Aurora weggezogen,
Verspottend jenen Glücksmoment;
Da bildet sich ein Regenbogen
Am rosaroten Firmament.

Da fühle ich ein Wohlbehagen,
Das ist so lange schon vermisst,
Da nach so vielen Regentagen
Der Himmel mir gewogen ist.

Genug gewütet übers Wetter
In sinnverlass'ner Ungeduld!
Ich werde jetzt zum Wetter netter,
Es ist ja nicht an allem schuld.

Nun kenne ich Auroras Gründe,
So mache ich sie nicht mehr schlecht.
Ihr Widerruf ist keine Sünde,
Denn hatte sie nun einmal recht.

Sie hat mir damals nicht gehuldigt,
In stiller Ahnung, was mir droht.
Nun hat sie sich bei mir entschuldigt
Durch sanftes Abschiedsabendrot.

DAS ELEND HASCHT NACH JEDEM HOFFNUNGSSCHIMMER
(DIE BRÜCKE III)

Das Elend hascht nach jedem Hoffnungsschimmer:
Gedankenvoll stand ich auf meiner Brücke
»Ein Türchen öffne mir zu kurzem Glücke!«
Bat ich sie ohne Trübsal und Gewimmer.

Es wohnt in mir der alte Aberglaube,
Die Brücke könne Wünsche mir erfüllen,
Beschwör ich sie nur hoffnungsvoll im Stillen,
Begrab ich meine Hoffnung nicht im Staube.

Mein Wort hab ich mit Andacht preisgegeben:
Da fühl ich unter mir die Brücke schwanken,
Sie fasste meine innigsten Gedanken,
Begünstigte mein aussichtsloses Streben.

Da winken mir durch wüstes Wolkendunkel
Gar freundliche und warme Sonnenstrahlen,
Die Hoffnung in mein banges Antlitz malen,
Erglühend wie phantastisches Karfunkel.

Vielleicht, vielleicht ist jetzt noch nichts verloren!
Der Brücke will ergeben ich vertrauen,
So lange durch die Hoffnungsbrille schauen,
Bis alle Hoffnung vollends eingefroren.

Noch halt ich daran fest und, ja, noch immer
Seh ich mich mit der bittren Wahrheit ringen.
Das Elend hascht nach jedem Hoffnungsschimmer
Und sieht ihn in den lächerlichsten Dingen.

ABSCHIED VOM FRÜHLING

Nur kurz war er bei mir zu Gast,
Als er mich eingefangen,
Hab Verse hundertfach verfasst,
Die alle ihn besangen.

Auch Lieder schrieb ich mancherlei
Zu ungenannten Themen,
Um dich, mein liebster Monat Mai,
In Gänze zu vernehmen.

Wie schön war, Frühling, dein Besuch
In meiner öden Stätte!
Du fülltest mein Gedichtebuch
Mit bunter Klangpalette.

Mein Frühling war so liederlich –
Verzeihung: voller Lieder,
Bis er ganz plötzlich mir entwich –
Und keiner bringt ihn wieder.

Ade! Nun singe ich allein,
Was du mir eingegeben.
Kannst du, mein Lenz, nicht ewig sein
Und ewig um mich schweben?

Wie zog er mich in seinen Bann,
Mein Frühling, frisch und gütig!
Doch scheint's, dass er nicht bleiben kann:
Er ist zu wankelmütig.

Mein Lenz ist fort, nun bin ich wach,
Ein Traum nur, der verflossen.
Mein Frühling war so kurz, doch – ach! –
Wie hab ich ihn genossen!

DIE WINTERREISE

Es bläst mir eisig um die Ohren
Ein frischer, winterlicher Wind.
Beinahe hab ich mich verloren
Im Wintermärchenlabyrinth.

Mein Haupt bedeckt die weiße Mütze,
Es klappert wild mein altes Rad,
Es hindert mich so manche Pfütze
Auf jenem dunklen Trampelpfad.

Wohin des Wegs? Zu fremder Stätte.
Wohin genau? Nicht relevant.
Nur eine unverhoffte, nette
Exkursion durchs Kurpfalzland.

Verlassen sind die nassen Gleise,
Es grünt mir jedes Ampellicht.
Es steht am Ziel der Winterreise
Ein langersehntes Traumgesicht.

EIN WINTERMORGEN

Ich lieg im Bette. Droben
Fällt nasser Neujahrsschnee.
Die Winde hör ich toben.
Wohin bin ich enthoben,
Und was ist's, was ich seh?

In einem neuen Hemde
Erscheint, was altbekannt:
Der Glanz erstrahlt am Ende.
Bin heimisch in der Fremde
Und fremd im Heimatland.

Der Regen fällt. Es springen
Die Tropfen Schlag auf Schlag.
Ich würd am liebsten singen:
Welch wunderlich Gelingen,
O holder Wintertag!

DER WINTER – EIN FRÜHLINGSGEDICHT

»Sieh nur! Da draußen vor dem Stalle,
Da blüht im neuen, grünen Kleid
Ein Baum in dichtem Blätterwalle,
Verkündend uns die Frühlingszeit.

Es ist nun alles etwas netter
(So schau zum Fenster nur hinaus!):
Es grünt das Laub; das frische Wetter
Treibt hurtig uns den Winter aus.«

Hübsch ist das Laub, ja, hübsch die Bäume,
Hübsch ist das Walten der Natur;
Es blüht die Welt – doch meine Träume
Verfolgen sehnend Winters Spur.

Ein frohes Murmeln in den Gassen,
Ein reges Treiben dort am Fluss,
Nur ich, von aller Freud' verlassen,
Sag Winter meinen Abschiedsgruß.

Ein Ende hat das lange Warten:
Der Lenz ist da – und nichts als dies!
Doch sehn ich mich nach langen Fahrten
Durchs Wintermärchenparadies.

Ich sehne mich nach kahlen Bäumen,
Dem Zweig, der mich beim Fahren neckt,
Ich sehne mich nach kalten Räumen,
Dem warmen Woilach, der mich deckt.

»Der Lenz ist da!« ruft jeder Dichter,
»Der Lenz ist da!« tönt jedes Lied.
Doch mir verloschen alle Lichter,
Nachdem der Winter von mir schied.

Der Frühling will sich nicht erbarmen,
Kein Glück hält er für mich bereit.
O lass dich einmal noch umarmen,
Du wunderbare Winterzeit!

V. Verlockungen

AUF DER LAUER

Ich gebe zu, ich bin nicht unzufrieden:
Hab mancherlei Entzückendes erlebt.
Wann wird denn die Verlockung schon vermieden,
Wenn sie von ganz alleine nach dir strebt?

Vielleicht bin ich für solcherlei empfänglich,
Wohl wissend, dass es gerne absentiert:
Verlockungen sind jederzeit vergänglich;
Auch das, was die Verlockung provoziert.

Was will ich nur mit diesen eitlen Zeilen?
Wohl irgendeine Muse, die mich trieb...
Manch Augenblick mag länger noch verweilen –
Wie das, was dir im Augenblicke lieb.

Ich bin ein froher Jäger auf der Lauer,
Gar schelmisch und beschwingt – was will ich noch?
Nicht alles ist nun mal von langer Dauer;
Und irgendwie verlockend ist es doch.

ODE AN EIN RÄTSEL

O Rätsel! Schweres, formelverschlüsseltes,
   Auf einer Karte stehst du da ungelöst,
      Buchstabenreihen durcheinander
         Schweben umher ohne Recht und Ordnung.

Unlösbar! Finster, dunkel, verständnislos,
   Die Matheformel dort auf dem Kartenrand.
      Kann ich dich, Ungeheuer, lösen,
         Bändigen je mit der Kraft des Geistes?

Du kennst, Verfasser, wahrlich als einziger
   Des Rätsels Lösung – sag es mir, sag es mir!
      Ach, bring die Worte mir in Ordnung,
         Gib mir den Schlüssel für deine Formel!

IRGENDWANN IM MAI

Es war zur Mittagsstunde,
Wohl irgendwann im Mai.
Ich drehte eine Runde,
Die Mutter war dabei.

Sie hielt in ihren Händen
Ein Briefempfangsgerät
Um Briefe zu versenden
Ganz rasch von früh bis spät.

Es trennten uns paar Schritte,
Als sie herüberrief:
»Komm her und schau mal bitte,
Da ist für dich ein Brief!«

Mit Angst und leichtem Zaudern
Kam ich herbeigerannt
Und hoffnungsvollem Schaudern,
Was wohl im Briefe stand.

Ich wollte nicht mehr weilen,
Mir war so angst und bang.
Ich überflog die Zeilen,
Der Brief, er war recht lang.

Schon sah ich mich erblassen,
Da las ich, was man schrieb.
Ich konnte es nicht fassen:
Der Brief – er war so lieb!

Welch Glück ward mir beschieden?
O weh - war ich denn toll?
Der Brief war voller Frieden,
So nett, so rücksichtsvoll!

Hab ich denn recht gesehen?
Mein Glück begriff ich kaum.
Das Wunder ist geschehen!
Mir war, als sei's ein Traum...

O Freundschaft, süße Wonne!
Das hätt ich nie gedacht!
Da kam die Morgensonne
Und ich bin aufgewacht.

KLEINIGKEIT

Nicht Freude – es war Seligkeit,
Die in mir aufgegangen,
Ob einer netten Kleinigkeit,
Die kürzlich ich empfangen.

Wenn jemand solcherlei erhält,
Dann nimmt er es gelassen;
Für mich, für mich war es die Welt,
Ich konnte es nicht fassen!

Ich schaute immer wieder hin,
Ob es nicht gleich verflogen,
Ob nicht mein trügerischer Sinn
Mich wieder nur belogen.

Doch nein, es war noch immer da,
Wie oft mein Auge schaute!
Ich sah es deutlich, sah es klar,
Als ich mir endlich traute!

Ich weiß nicht, wann ich letztes Mal
In Freude so versunken;
So nahm ich einen Sektpokal
Und hab darauf getrunken.

Manch einer erntet eine Yacht,
Ein andrer edle Pferde;
Doch das Geschenk, das mir gemacht,
Bezahlt kein Geld der Erde.

Kein Geld kauft jene Seligkeit,
Da ich vor Glück erstarrte:
Ein Wunder war die Kleinigkeit,
Der ich so lange harrte.

GELDVERSCHWENDUNG

Mich drängt es, Geld in Fülle zu verschwenden,
Hab Lust auf einen unbrauchbaren Kauf.
Wahrscheinlich werde ich ihn nicht verwenden,
Wahrscheinlich mach ich ihn nicht einmal auf.

Schon bald wird er in meinem Schrank verschwinden,
Weil ich damit nichts anzufangen weiß,
Und werd ich ihn nach Jahren wiederfinden,
Dann frag ich mich: »Was soll der dumme Scheiß?«

Dann denke ich an meine Jugendjahre,
Da Torheit hier und dort noch Hoffnung hieß,
Da Kaufen einer unbrauchbaren Ware
Die Hoffnung etwas größer werden ließ.

ÜBER MEIN GESTÖRTES VERHALTEN

O habt ihr sowas jemals schon gesehen?
O habt ihr sowas jemals schon gehört?
So sagt mir doch: Was ist mit mir geschehen,
Warum ist mein Verhalten so gestört?

Ihr fragt, warum? Lasst es mich euch entdecken:
Ich räume auf. Das reicht doch schon als Grund.
Was will ich mit dem Irrsinn wohl bezwecken?
Womöglich bin ich einfach nicht gesund.

Ich seh mich jeden Tag die Wohnung putzen;
Wieso? Ich wohn – zum Glück! – doch ganz allein!
Die Wohnung kann doch sorgenlos verschmutzen,
Und niemand außer mir wird Zeuge sein.

Und doch: Ich sah mich heut den Boden fegen,
Ich sah mich emsig spülen das Geschirr,
Die Kleider sah ich mich zusammenlegen
Und fort schmiss ich das ganze Altpapier.

Ich konnte es, bei Gott, nicht unterlassen
Den Spiegel zu polieren blitzeblank,
Zu stellen ins Regal die saub'ren Tassen,
Zu ordnen meine Bücher dort im Schrank.

Ich schrubbte gar die Badearmaturen,
Ich wischte von den Flächen allen Staub,
Ich jätete die grünlichen Mixturen,
Der wildlichen Balkone Wucherlaub.

Ein Hobby war das Putzen nie gewesen,
Es war nur eine lästig Haushaltspflicht,
Nun tanze ich herum auf meinem Besen
Und fege. Warum das? Ich weiß es nicht.

Nun hab ich eine aufgeräumte Wohnung,
O zauberhaft bestechendes Plaisier!
Doch wo bleibt meiner Rührigkeit Belohnung?
Es wird sie keiner sehen außer mir.

DER ABSCHIEDSFUND

Jetzt, da ich das Land verlasse,
Merk ich etwas – doch zu spät.
Etwas aus der großen Masse,
Das ich früher mal verschmäht.

Ist das etwa eine Regel
Zu erfüllen uns mit Gram?
Hisst zum Abschied man die Segel,
Wird man plötzlich aufmerksam.

Weh! Was wir seit Jahren kannten,
Was wir sahen Tag für Tag,
Wird uns erst als Emigranten
Attraktiv auf einen Schlag.

Schon vorbei ist jene Stunde,
Da man sich den Abschied sprach,
Abschied ist in aller Munde,
Abschied, du mein Ungemach!

Muss man erst von dannen schreiten
Zu entdecken solche Pracht?
Werden neue Möglichkeiten
Durch den Abschied erst entfacht?

Könnt ich mich noch etwas weiden
An der neuen Schnapsidee!
Aber nein – nun muss ich scheiden,
Und der Abschied tut so weh.

Ach, wie lang war ich umnachtet,
Nicht zu sehn das Meisterstück!
Was ich früher kaum beachtet,
Lass ich bitterlich zurück.

Kaum entfacht ein zartes Feuer,
Löscht's der Abschied bis zum Grund.
Lebe wohl, mein alter, neuer,
Wunderbarer Abschiedsfund!

BITTE AN EINEN DICHTER

Mich zehrt der Reiz vergess'ner Mären
Mit einer wunderlichen Last,
Gedenke ich der gold'nen Ähren,
Von denen du geschrieben hast.

Der Klang der Worte, fein und sinnig,
Nur dünn im Geiste widerhallt,
Doch das Gedenken, hell und innig,
An deines Werkes Wohlgestalt

Verfolgt mich bis an jede Stätte,
In jedes weit entfernte Land,
Und auch in meinem trauten Bette
Hält es mich fordernd an der Hand.

O lass es mich noch einmal lesen,
Verwehr mir diese Bitte nicht,
Dann kann ich wonniglich genesen
Durch dein bezauberndes Gedicht.

UNWILLKOMMENE HEITERKEIT

Es ragen gelb die Sandsteintürme
Gen Oxfords Himmel, blau und mild,
Die heimatlichen Winterstürme
Erscheinen bloß als blasses Bild.

So sollte das Gedicht beginnen,
Und traurig sollt es weitergehn:
Am Anfang Oxfords gelbe Zinnen,
Am Ende trauriges Geschehn.

Die Schwermut war mit mir im Bunde,
Mein Blick war ernst, ich lachte nicht.
Da schickt ein Freund zu später Stunde
Mir ein vergnügliches Gedicht.

Vorbei! Die Trauer war verflogen,
Ja, alle Wehmut war verbannt.
Kein Wort mehr kreuzte meinen Bogen:
Sein Werk war viel zu amüsant.

Wiewohl ich mühsam mit den Händen
Mir meinen Mund nach unten zog,
Konnt ich mein Werk nicht mehr beenden
Mit einem tristen Epilog.

Ade, ihr gold'nen Turmesspitzen,
O Schmerz, o Heimatsduselei!
Denn brachest du mit deinen Witzen
Mein schönes Klagelied entzwei!

DAS AUGUSTERLEBNIS

Talia per Latium
(Vergil, *Aeneis* 8,18)

Ernte! Du fröhliches Sommerbehagen,
Die Sonne besticht uns mit gleißendem Schein.
Der Garten erblüht und gefüllt ist der Wagen
Mit Äpfeln, Tomaten, Gemüse und Wein.

Soweit auf dem Land. Doch seht da, in den Städten:
Euphorische Jungen in jubelnder Tracht!
Mit Helmen bekränzt schärfen sie Bajonetten;
Was hast du, August, mit den Menschen gemacht!

Die Hymnen des Jubels, der Sang der Entzückten,
Erfüllen die Städte mit gellendem Schall.
Da laufen in Märschen die Siegesverrückten,
Das Licht des August scheint auf heißes Metall.

Was ist schon das Ich? Auf zur mutigen Masse!
Versammelt, verbündet, verbrüdert – ein Volk!
Dass keiner die mutige Masse verlasse!
Versager, wer feigherzig trotzt dem Erfolg!

Zum Bahnhof! Wir fahren! Ein Prost! Hoch die Krüge!
In sonnigem Licht scheint der sichere Sieg!
Gefüllt ist der Steig und gefüllt sind die Züge
Von Männern und Knaben, begeistert von Krieg.

Und wie im Auguste die reifsten der Früchte
Von selber, in Fülle, hinfallen vom Ast,
So taumelt das Volk in verworrener Dichte
Wie wandelnd im Schlafe zu Feld und Morast.

Doch freilich: nicht allen scheint kämpfen geboten,
Es quält sie die Angst um Vermögen und Herd;
Doch sieht man bereits die »Hurrapatrioten«
In Gasmaskerade mit Säbel zu Pferd.

Ein Nebel von Gift hat die Sonne verdunkelt,
Die Blume fällt welk vom Maschinengewehr.
Das einzige Licht, das im Elend noch funkelt,
Ist fliegendes Feuer vom feindlichen Heer.

Ein Jahr und ein Jahr und zwei Jahr' sind verglommen,
Erloschen ist längst der unsägliche Wahn.
War's Irrlicht, das damals die Welt überkommen,
War's Irrlicht, das uns diesen Krieg angetan?

Doch war es viel mehr, als ein Mensch zu bewerten,
Ja, mehr als Geschichte zu schreiben gewusst.
O wären wir nie, meine lieben Gefährten,
Verfallen dem einstigen Geist des August!

VI. Unkategorisiertes

DAS BIERORAKEL

Ich habe einen kleinen Brauch,
Ein Ritual, wie andre auch:
Ergreift mich starke Wissensgier,
Dann trink ich ein Orakelbier.

Vor kurzem habe ich bestellt
Ein Bier im Neuenheimer Feld.
Am Teiche stand ich ganz allein
Und das Orakel sagte »nein«.

Das Bier lügt nie, hat keine Makel:
Es ist ein göttliches Orakel,
Sodass Enttäuschung mich befällt,
Wenn mir die Antwort nicht gefällt.

Auch heute trieb mein kühner Sinn
Mich hoffnungsvoll zur Mensa hin.
Ich stell die Frage, hebe dann
Erwartungsvoll den Deckel an.

Ein Augenblick, und siehe da:
Der Deckel zeigt die Antwort: »Ja«!
Die Mensa flutet holdes Licht,
Ich strahl von ganzem Angesicht.

Da fällt mir ein, dass ich im Feld
Dem Bier dieselbe Frag' gestellt;
Bald sagt es »Ja«, bald sagt es »Nein« –
Kann das Orakel richtig sein?

Das Lächeln wich mir vom Gesicht;
Doch sprach ich gleich: Verzage nicht!
Wahrscheinlich hab ich, sprachversiert,
Die Frage anders formuliert.

Wahrscheinlich wechselt das Geschick
Von Augenblick zu Augenblick.
Wie dem auch sei – ich glaube dir,
O göttliches Orakelbier!

LEKTORAT

Ich lese heut ein langes Manuskript,
Darin es nichts zu korrigieren gibt.
Fast schlaf ich ein, denn alles stimmt genau
Und jedes Blatt verschwimmt zu grau.

Doch siehe an, die Bibliographie!
Ist's Wahrheit? Ist's Epiphanie?
Denn fehlen hier und da und dort
Das Jahr und der Erscheinungsort.

O großes Glück! Jetzt darf ich korrigieren,
Mich ganz im Lektorat verlieren!
Denn erst wenn man was anzustreichen hat
Ist es das wirkliche und wahre Lektorat.

THEMENNIHILIST

Wisst ihr, dass ich gerne singe?
Eine Sache, die sich lohnt;
Seh frappante neue Dinge
Reifen dort am Horizont.

Ist das eine neue Grille,
Die ich da von weitem schau?
Halt, ich schaue ohne Brille,
Seh es deshalb nicht genau.

Worin wird die Sache münden,
Die noch keine Sache ist?
Kann dir, Leser, nichts verkünden,
Bin ein Themennihilist.

Lass die Verse nicht verraten,
Was ich selber noch nicht weiß.
Auf zum frohen Rätselraten,
Wissen sei der erste Preis!

Darf ich selbst partizipieren,
Raten, was auch ihr nicht wisst?
Ach, das wird sich nicht rentieren –
Bin ein Themennihilist.

WELCH ZUFALL!

Ach, damals warst du noch mit Glück verbunden,
O Zufall, der du kamst, als ich dich rief,
Wie oft hab ich dich listig aufgefunden
Als ausgemachter Zufallsdetektiv.

Wir pflegten dich mit Freuden zu begrüßen,
»Welch Zufall!« sangen lauthals wir im Chor,
So konnten wir den Zufall uns versüßen
Und hoben zu den Sternen ihn empor.

Die Zeit verrinnt. Ich treff dich nur noch selten,
Mein Zufall, warum fliehst du so vor mir?
O kannst du nicht noch etwas länger gelten,
Bevor ich dich für allemal verlier?

Er kann mich auch noch heute überraschen;
Der Montag ist sein allerliebster Tag.
Doch kann ich nicht das Glück in ihm erhaschen,
Weil er es nicht mehr mit mir teilen mag.

Ein Zufall ohne Glück ist ach so fade,
So sinnlos, so betrüblich und so leer.
Wie schade, ach, wie ist es jammerschade!
Der Zufall bringt uns keine Freude mehr.

Ich seh dich manchmal noch vorüberziehen,
Doch längst ertönt nicht mehr der traute Gruß,
»Welch Zufall!« wird schon lang nicht mehr geschrien,
Er eilt an mir vorbei auf schnellem Fuß.

Wie oft hab ich ihn schon heraufbeschworen,
Wie oft kam er mit glücklichem Gewinn,
Der Zufall! – Ach, ich habe ihn verloren!
Und mit ihm ist mein ganzes Glück dahin.

TRAGISCHE IRONIE

Der Neckar floss vorüber
In stiller Frühlingsnacht.
Wir plauderten darüber,
Was Kummer mit uns macht.

»Ich fürchte mich mitnichten«
Sprach ich, »vor irgend Leid«
»Mein Doktor ist das Dichten
In kummervoller Zeit.«

Die Zeit ist nun gekommen,
Wie sah ich es voraus!
Mein Frühling ist verglommen –
Mach Verse nun daraus.

Was gestern schön und magisch
Wird Klagepoesie,
Wenn auch nicht arg so tragisch,
Vermischt mit Ironie.

GRÜN!

Ach, wenn ich mal wieder darbe,
Seh ich auf die grüne Farbe,
Die mir gleichsam freundlich winkt
Und gewisse Hoffnung bringt.

Ampelhaft ist ihr Verhalten,
Unterbrochen ist ihr Walten,
Nicht beständig ist in Sicht
Dieses schöne, grüne Licht.

Grün kann man mit Worten fassen,
Habe ich mir sagen lassen,
Doch mir fehlt der rechte Mut
Zu berühren diese Glut.

Es verhindern meine Hände,
Dass ich mich zum Grünen wende,
So betrachte ich von fern
Jenen schönen, grünen Stern.

WAS IST NAIV?

Naiv ist, würde mancher definieren,
Zu glauben, was ein jeder ihm verspricht,
Entrückt von aller Welt zu fantasieren,
Dass niemand ein Versprechen jemals bricht.

Naiv ist, sich auf alles einzulassen,
Bedenkenlos und ohne Vorbehalt,
Das Glück in seiner Gänze zu umfassen
Im Glauben an die höhere Gewalt.

Naiv ist es, Vergang'nem nachzujagen,
Das Tag für Tag beschleunigt seine Flucht,
Naiv ist es, den ersten Schritt zu wagen,
Zu finden, was noch keiner sonst gesucht.

Naiv ist, unbekümmert zu verzeihen,
Was jemand dir gemütlos angetan,
Ja, obendrein noch Ehre zu verleihen
Dem windig-flatterhaften Liederjan!

Naiv ist es bei übelstem Gebaren
Mit Milde zu begegnen deinem Feind,
Naiver noch, die Hoffnung zu bewahren,
Wenn alles um dich rum verloren scheint.

Naiv ist es, sich tapfer zu erheben
Mit Tugend über Kränkung, Schmach und Leid;
Doch nichts ist, Kind, naiver als das Leben
Im Augenblick verträumter Seligkeit.

ENTSCHEIDUNGSQUEEN

Entscheidungen sind echt mein Ding,
Ich fäll sie unverzüglich.
Darin bin ich kein Sonderling –
Das ist unwiderleglich.

Entscheidungsqueen werd ich genannt
Ob meiner Expertise,
Man huldigt mir im ganzen Land,
Geschäftig und präzise.

Steh ich vor einer schweren Wahl,
Freu ich mich diesbezüglich.
Entscheidungen sind so banal!
Ich fälle sie vergnüglich.

Bestell ich dies, bestell ich das,
Wie soll ich mich nur kleiden?
Auf meine Flinkheit ist Verlass:
Kann mich sofort entscheiden.

Man zahlt mir massenweise Geld
Für meine Lektionen,
Weil jeder es für wichtig hält,
Den Kursen beizuwohnen.

So kommt in meine Fakultät,
Macht Schluss mit dummem Leiden,
Und lernt von eurer Majestät
Euch zügig zu entscheiden.

DER GLÜHWEINÄRMEL

Es gab in unsrer Fakultät
Ein großes Weihnachtsfest.
Wir standen da – es war schon spät –
Als fröhlich-munt'rer Rest.

Da drückt mir einer in die Hand
Seinen Becher mit glühendem Wein.
Wir stehen beide an der Wand
Im Lichterkettenschein.

Es traf sich aber, dass ich hielt
Ein Bier zur gleichen Zeit.
Weißt du nicht, dass die Regel gilt:
Bier-Wein sei nicht gescheit?

Den Wein vergaß ich; wollte nur
Einen kleinen Schluck vom Bier.
Hob meinen Arm mit viel Bravour –
Da landet Wein auf mir.

Da wurde mir der Ärmel nass,
Da gab es viel Geschrei,
Da rief manch einer: »Auch noch das,
Bei unsrer Feierei!«

Ein Glühweinärmel! Siehe da!
Ich zeige ihn herum.
Und das gesamte Seminar
Wird vor Erstaunen stumm.

Der Glühweinärmel riechet streng
Den ganzen Abend noch.
Bis heute weiß die Menschenmeng',
Wie stark er damals roch.

So sei, mein Freund, nicht ignorant,
Sonst wird es folgenschwer:
Hält jemand Bier in seiner Hand,
Dann gib ihm nicht noch mehr!

Den Ärmel trag ich hier und dort,
Er birgt einen süßen Hauch.
Der Weingeruch ist lange fort,
Doch seid ihr's, Freunde, auch.

MUSENFLUCHT

Lauscht man den farbigen Berichten
Erlebnisreich aus meinem Mund,
Da fragt man rechtens nach dem Grund,
Dass mir abhanden kam das Dichten.

In kunstlos losgelösten Worten
Hört man mich plaudern Tag um Tag.
Kein Reim, kein dichterisch Ertrag
Ist im Geplapper zu verorten.

Was ist der Grund für dies Versagen?
Mir deucht, es geht mir allzu gut.
Nur Seelenschmerz und Jammerklagen
Befeuern jene Dichterwut.

Das ist der Grund für das diffuse
Gefasel voller Ungeschick.
Der Glückliche kennt keine Muse
Und jede Muse scheut das Glück.

NOCH IMMER

ponas tristitiam: licet omnia dulcia cedant,
tempora praetereant, lux tamen alma manet,
servaturque animo prisci splendoris imago.

Das Schöne schwindet irgendwann,
Doch ewig scheint sein Schimmer.
Ich denke jeden Tag daran;
Noch immer? Ja, noch immer.

Nachwort

Die Gedichte handeln vom Alltag: »Ich seh mich jeden Tag die Wohnung putzen.« Sie zeigen alltägliche Dinge, Kleiderbügel im Schrank, eine Thermoskanne, die tropft, einen Campingtisch, gekauft bei Amazon. Sie berichten von alltäglichen Erfahrungen, mit roten und grünen Ampeln, einem Mülleimer im Zug, vom Ablauf der Jahreszeiten oder vom Einkaufen: »Mich drängt es, Geld in Fülle zu verschwenden, / Hab Lust auf einen unbrauchbaren Kauf.« Dem Thema angemessen sprechen die Gedichte in einer stilisierten, ›gehobenen‹ Alltagssprache, mal ernsthaft und nachdenklich, dann wieder scherzhaft, bisweilen auch wehmütig, mitunter ein wenig skurril und manchmal auch schnoddrig, dabei aber immer liebevoll und doch zugleich mit Ironie und Selbstironie. Die Widrigkeiten und die Unbill des Alltags werden nicht verschwiegen; vom »Ingrimm« (welch schönes altes Wort!) ist mehrfach die Rede. Die Gedichte schärfen den Blick; die Leser erfahren einiges über sich selbst, können sich in den Gedichten wiedererkennen und werden so im eigenen Alltag manches anders sehen als zuvor.

Der Ort des Alltags ist Heidelberg, seine OEG (gleich im ersten Gedicht!), die Radwege in der Stadt. Auch die berühmten

Orte kommen vor, der Wolfsbrunnen oder, in mehreren Gedichten, die Brücke, wobei – sieht man genauer hin – jedenfalls in einem der Gedichte nicht die eine, die vielbesungene Alte Brücke gemeint ist. Und zu Heidelberg gehört die Universität, mit ihren akademischen und studentischen Ritualen, den Freuden und Leiden der Studierenden und auch dem Lernen: »Und jeder Fehler und Exzess / Befördert unsren Lernprozess.«

Manche Gedichte tragen lateinische Motti. Vergil wird zitiert, im Widmungsgedicht wird – »mein kleines Buch, geh in die Welt« – versteckt auf Ovid angespielt, einmal wird, auf Griechisch, Pindar zitiert. Einige der lateinischen Motti sind Zitate aus Marina Garanins eigenen lateinischen Gedichten, für die sie 2017 in Oxford den ›Chancellor's Prize of Latin Verse‹ bekommen hat. Sie ist klassische Philologin, arbeitet derzeit an ihrer Dissertation, die sich mit den Übersetzungen griechischer Dichtung ins Lateinische befasst. Das »unaussprechlich göttliche Latein« ist ihre große Liebe; ihr Lieblingsbuch ist Vergils *Aeneis*. Immer wieder finden sich in ihren Gedichten Anspielungen auf antike Dichtung und Mythologie; die Sieben Weisen werden genannt, der Gott Apoll oder Ikarus. Eines der Gedichte, die Ode an ein Rätsel, nützt eine antike Odenstrophe (die alkäische, um sie genau zu benennen). Mit den Anspielungen und den Motti erhalten die Gedichte – und mit ihnen der Alltag – eine literarische Tiefendimension, freilich unaufdringlich, in Andeutungen und auf spielerische Weise, wenn etwa Aurora, die rosenfingrige Göttin der Morgenröte (wie Homer, bei dem sie Eos heißt, sie nennt), angeklagt wird, weil sie ihrer Aufgabe nicht nachkommt und so nicht ein goldenroter Morgen, vielmehr nur der graue Alltag beginnt.

Die Gedichte sind eingängig; ihre Leichtigkeit beruht freilich auf einem versierten Umgang mit Metrum, Rhythmus und dem Reim. Die Mehrzahl der Gedichte besteht aus vierzeiligen Strophen, mit meist kurzen, drei- oder vierhebigen Zeilen, mit wechselndem Versmaß, wechselnden Paarungen der Reime. Die vierzeilige Strophe ist die am häufigsten gebrauchte Strophenform des deutschen Volks- und Kunstlieds. Marina Garanins Gedichte sind Lieder – oder, besser noch, sind Songs, Chansons; es fällt nicht schwer, sie sich vertont zu denken. Sie sollten deshalb auch, statt stumm gelesen, laut gesprochen werden – oder gehört. Doch wie auch immer, es macht Vergnügen, sie zu lesen, zu sprechen, zu hören.

Reiner Wild

Danksagung

Vielen Menschen will ich danken, denn ohne sie wäre das Buch gar nicht oder nicht in dieser Gestalt erschienen: Claudia Rink vom Kurpfälzischen Verlag, die das Projekt engagiert verlegerisch betreut hat, Prof. Dr. Reiner Wild für das Nachwort, Christian Großmann für den Satz, Heiner Grombein für Hilfe bei der Auswahl und Redaktion der Gedichte, Barbara Schulz für Ideen hinsichtlich Titel und Covergestaltung, Roman Schätzle für die Photographie, meinem Vater Dmitry Garanin für dichterische Beratung, meiner Mutter Elena Kuschnerova für – alles (hier sollte ein Punkt folgen, aber ich habe bekanntlich eine Punktphobie – wenn ich das Gedicht schon rausgenommen habe, will ich es zumindest hier erwähnt wissen), Karl Werner Beisel und den zahlreichen Spendern, ohne die ich das Buch nicht hätte ins Werk setzen können. Besonders danken will ich Florian Schmidgall für Anstoß und Motivation, Vermittlung des Verlags, Hilfe bei der Auswahl, Organisation der Finanzierung und Hilfe bei Satz und Gestaltung. Und natürlich Puni und Pana – den beiden Katzen, die während der Entstehung des Buches bei mir wohnten und mich mit Schnurren und Miauen und Strecken und Quietschen stets bei Laune hielten.